Dirección Editorial: **Raquel López Varela**
Coordinación Editorial: **Ana María García Alonso**
Maquetación: **Cristina A. Rejas Manzanera**
Diseño de cubierta: **Óscar Carballo Vales**

© del texto Yanitzia Canetti
© de la ilustración Teresa Herrero
© EDITORIAL EVEREST, S. A.
Carretera León-La Coruña, km 5
ISBN: 978-84-241-7063-9
Depósito legal: LE. 1222-2009
Printed in Spain - Impreso en España
EDITORIAL EVERGRÁFICAS, S. L.
Carretera León-La Coruña, km 5
LEÓN (España)
Atención al cliente: 902 123 400
www.everest.es

había otra vez...

Yanitzia Canetti

Ceniciento

ilustrado por Teresa Herrero

everest

Había una vez
que había otra vez,
un cuento derecho
y otro al revés.

Pero los cuentos
pues cuentos son:
unos tienen sentido;
en otros no hay razón.

Ya no hay más Cenicientas,
queridos, lo lamento,
porque esta vez le toca
el turno a Ceniciento.

En una ciudad tranquila,
donde no soplaba el viento,
andaba un chico descalzo,
desarropado y mugriento.
Era el sobrino de Yuri,
un vendedor de pimientos,
que vivía en el piso trece
en un viejo apartamento.

4

Yuri tenía dos hijos
llamados Iván e Igor.
Eran chicos holgazanes,
a cuál de los dos peor.

No querían trabajar,
eran crueles y tacaños,
y no pasaba ni un día
en que no causaran daños.

abril

	1	2	3	4	5	6
7	8	9	10	11	12	13
14	15	16	17			
		22	23	24	25	26
27	28	29	30			

70

Sin embargo, el sobrino
era muy diferente:
limpiaba chimeneas
y ayudaba a la gente.

Pero además, cocinaba,
lavaba ropa, barría,
fregaba toda la losa,
planchaba y hasta cosía.

Y reponía bombillos,
y sabía de pintura,
y arreglaba tuberías,
y sacaba la basura.

9

Por eso siempre estaba
tan sucio y polvoriento.
Y al verlo le decían:
—¿Cómo estás, Ceniciento?

—Estoy bien, muchas gracias.
Me va bien cien por ciento.
—respondía cariñoso
el joven Ceniciento.

Un buen día en la tele
una chica inteligente
comentó que ella quería
elegir a un pretendiente.

Para tal fin convocaba
a cada televidente
a un concurso de destrezas
para hallar al más valiente.

Además de inteligente,
la chica era muy hermosa:
su mirada era brillante
y su voz muy melodiosa.

Escritora y periodista,
Anastasia, la llamaban.
Anastasia era la chica
con la que todos soñaban.

Los hijos del verdulero
estaban muy animados.
Y gastaron el dinero
que su padre había ahorrado.

Se compraron trajes nuevos,
caros, de marcas famosas,
y se untaron mil perfumes
de fragancias olorosas.

Entre tanto, Ceniciento,
no tenía con qué vestir.
Toda su ropa era vieja
y así no podía asistir.

Y sus primos se burlaban:
—Quédate en ese sillón.
Será mejor que nos veas
salir por televisión.
Seremos los elegidos,
seremos la conmoción.
Ya verás que ganaremos
el concurso del millón.

Se fueron los dos corriendo.
Ceniciento se quedó.
Pero el tío, que era bueno,
a su sobrino animó:

—Ve al concurso, Ceniciento,
yo lavé mi ropa ayer.
Aunque es vieja, no está rota.
Tú te la puedes poner.

No vino el hada madrina
como en un cuento ideal.
Pero no fue necesario
con un tío tan genial.

Ceniciento lo abrazó,
le dio mil veces las gracias.
Enseguida se vistió
y fue en busca de Anastasia.

Todos probaron su fuerza,
su destreza y su valor,
pero al final del concurso
Anastasia preguntó:
—¿Y cómo complacerían
a una mujer como yo?
A quien logre convencerme,
le regalaré esta flor.

Y lo que prometió Igor
era además indignante:
"¡Finas pieles de visón
y colmillos de elefante!".

Ceniciento dijo algo
que nadie pudo entender:
—Te prometo lo que soy
y lo que quisiera ser.
Pero es poco lo que doy
por tan valiosa mujer.
Así que a partir de hoy
de ti quisiera aprender.

19

—Ya se acabó este programa
—gritó alegre un locutor—.
Mañana por la mañana
diremos el ganador.

20

A la mañana siguiente
hubo otra grabación,
mas Ceniciento no pudo
ir en aquella ocasión.

Había sido el elegido
pero no tenía ni idea.
Estaba muy ocupado
limpiando una chimenea.

21

—¿Ha ganado Ceniciento?
¡No es posible! ¡Es un error!
—gritaron al enterarse
sus primos Iván e Igor.

Mirando fijo a la cámara,
insistía el locutor:
—Anastasia ha elegido
a Ceniciento, ¡el mejor!

Anastasia, emocionada,
buscaba al gran ganador
para entregarle su premio:
darle un beso y una flor.

Pero Yuri, el verdulero,
el vendedor de pimientos,
llamó enseguida al programa
para hablar de Ceniciento.
—Sí, sí, es sobrino mío.
Él es deshollinador.
Es un chico inteligente,
sencillo y trabajador.
Además, es muy apuesto.
Se parece mucho a mí.
A las doce, al mediodía
suele pasar por aquí.

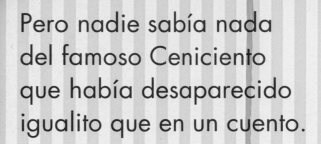

Pero nadie sabía nada
del famoso Ceniciento
que había desaparecido
igualito que en un cuento.

—¿Alguien sabe dónde vive?
—preguntaba el locutor.

—No sabemos, ¿de quién hablan?
—dijeron Iván e Igor.

25

La periodista Anastasia
se apareció en el lugar.
Las cámaras enseguida
comenzaron a grabar.

Al marcar las doce en punto,
llegó por fin Ceniciento.
Anastasia lo abrazó
y él se puso muy contento.

Ingeniero

Y la chica, entusiasmada
anunció ante los presentes
que Ceniciento sería
su adorado pretendiente.

—Además de mi cariño,
mi admiración y amistad,
te has ganado una beca
en una universidad.

—Gracias, querida Anastasia,
por esta oportunidad.
Es un gesto generoso
y lo aprecio de verdad.
Aunque limpio chimeneas,
mi gran sueño es estudiar.
Quisiera ser ingeniero,
yo me quiero superar.

—¿Y qué harás como ingeniero?
—preguntó ella dulcemente.
—Pues haré una chimenea
que purifique el ambiente.

—Ay, Ceniciento, qué bueno,
será algo innovador
—comentó la periodista
mirándolo con amor.

Todos aplaudieron, todos
menos los dos primos, claro.
¡Qué cerebros tan baratos
con trajecillos tan caros!

Años después se casaron
Anastasia y Ceniciento,
y en la cena de la boda
no faltaron los pimientos.

El tío Yuri habló ese día
con profundo sentimiento:
—Mi sobrino es ingeniero,
¡ay, qué orgulloso me siento!

Ceniciento estrenó un traje
tan blanco como la sal.
¡Y Anastasia bailó polka
con zapatos de cristal!